¿QUÉ MARAVILLAS VES...

CUANDO SUEÑAS?

Justine Avery   Liuba Syrotiuk

El día ha terminado.
¿No ha sido espléndido?

Pero ahora es el momento, sin lugar a duda,
para una aventura totalmente diferente.

Pero este no es el momento para hacer pucheros,
y no deberíamos pensar en gritar.

Tenemos que apresurarnos. Debemos apresurarnos.
¡Seguro que se está perdiendo un tiempo precioso!

Alinea los libros,
portada con portada.

Coloca todos los juguetes

en
una
pila
grande.

No olvides esos dientes:
 ¡cepilla, cepilla, cepilla!

Luego, dile a la casa
 "Silencio, silencio, silencio."

Ahora que hemos terminado de limpiar,
¿dónde se esconden esos pijamas?

¡Allí están!
 Ahora, póntelos.

Es hora de estirarse para un bostezo largo y agradable.

Esta es la hora. Ahora es el momento.

Retira los cobertores de la cama...

¡ES LA HORA DE DORMIR!

Acurrucate y acurrucate cerca.

Escucha cuidadosamente.
Es importante escuchar esto.

La hora de dormir es mágica.
La hora de dormir es maravillosa.

La hora de acostarse es mejor cuando te sientes somnoliento.

Si no te sientes cansado,
aún no estás relajado,

¡da órdenes a las hormigas en tus pantalones de marchar!

Ahora, sacúdete todas las ganas de menearte, y trágate esas risitas.

Dale a las quejas un buen meneo,
y sofoca cada risa.

Será mejor que abroches el cinturón a todas las risas
y ahuyentes cualquier problema.

Ponle un tapón a tu risita
y dale una buena patada a tus preocupaciones.

¿Están tus dedos descansando?
¿Los diez dedos de los pies relajados?

Ahora, deja que tus ojitos se cierren.

Ciérralos bien—¡sin trampas!

Porque sabré
si lo estás haciendo.

Por fin, por fin,
finalmente estamos listos.

Estamos completamente calmados
y perfectamente relajados.

Estamos cómodos y tranquilos, todos bien acurrucados.
Esta va a ser una noche realmente buena.

Lentamente ahora,
    inhala profundamente.

Luego, déjalo salir todo.
Y hazlo de nuevo.

Encontraremos lo que te espera dentro de
tu pequeña mente inteligente,
libera tu imaginación,

y ábrela de par en par.

Hay secretos ahí–es así–
eso solo los niños lo pueden saber.

Cuando te
quedas dormido,

hay
otro lugar

justo detrás
y en el medio.

Mantén tus ojos bien sellados,
para ver lo que revela tu mente soñadora.

Préstale toda tu atención,
cada parte de tu enfoque.

Las cosas más extraordinarias aparecen...

Cuando te tomas el tiempo de apreciar.

Dentro de tu mente, mira a la izquierda, luego a la derecha.

¡Las cosas más interesantes están ya a la vista!

Todas están esperando allí por ti,

listas para saludarte mientras se desvanecen a la vista.

Hay nociones divertidas y habilidades asombrosas,

¡posibilidades tan increíblemente maravillosas!

Hay escenas notables, impresionantes y maravillosas,

¡las cosas más fantásticas y sorprendentes!

Y si te importa, si te atreves,
si tienes la amabilidad de compartir,

Susúrrame
por favor,
si no te molesta:

¿qué maravillas tú ves?

Para Kirelle,
mi musa más pequeña que sueña
las cosas más misteriosas.

— J.A.

Justine Avery es una autora galardonada que ama escribir historias para todo tipo de lectores. Nació en Estados Unidos de América, pero creció, y sigue creciendo, en muchos lugares del mundo gracias a su naturaleza exploradora y a su curiosidad por todas las cosas. Justine ha brincado desde aviones, de puentes muy altos y a aguas infestadas de tiburones, por mencionar algunas de sus aventuras. Entre todas las aventuras, los libros son su aventura favorita.

A mi familia que me dio alas.
A todos los padres que inspiran
a sus hijos a soñar.

— L.S.

Liuba Syrotiuk es un diseñador y acuarelista ucraniano. Trabaja como diseñadora de interiores e ilustradora de acuarela. Liuba es una persona luminosa y soleada, dispuesta a encontrar la belleza en todo, especialmente en la naturaleza. Viajar por el mundo con una pequeña caja de acuarelas la convierte en la persona más feliz.

Publicado por primera vez 2019 de Suteki Creative

Primera Edición Española

© 2021 Justine Avery
Ilustraciones: Liuba Syrotiuk
Todos los derechos reservados.

De acuerdo con la ley internacional de los derechos de autor, esta publicación no puede ser copiada, copiada, duplicada, reproducida, compartida, revendida, distribuida por ningún medio, ya sea electrónico, mecánico, por fotocopia, por grabación u otros métodos, sin el permiso previo y por escrito del autor.

Pero *por favor*… presta este libro con toda libertad. Es *tuyo*—te pertenece. Aí que pásalo, préstalo, cámbialo y recomiéndalo a otros lectores. Los libros son el mejor regalo.

ISBN: 978-1-63882-175-5
ISBN: 978-1-63882-173-1 (ebook)
ISBN: 978-1-63882-176-2 (pasta dura)
ISBN: 978-1-63882-178-6 (audio libro)

www.ingramcontent.com/pod-product-compliance
Lightning Source LLC
Chambersburg PA
CBHW061116070526
44583CB00027B/3312